Cómo superar la timidez

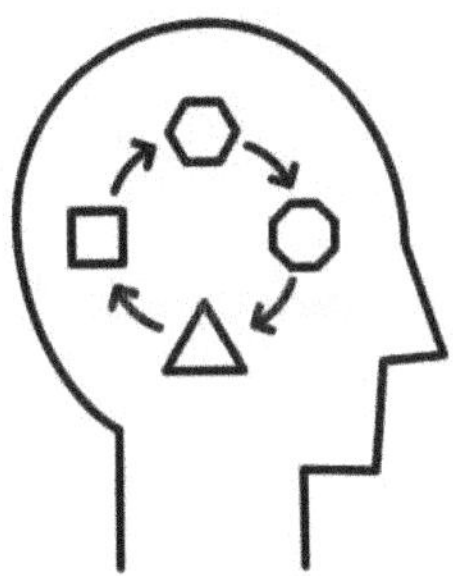

Marcus W. Oliver

Editorial Anuket

Temario:

Capítulo 1
Comprendiendo la timidez

La timidez es la aparición de ansiedad, miedo e incomodidad en situaciones relacionadas con la comunicación o ante la presencia de otras personas.

En este primer capítulo, vamos a adentrarnos en el mundo de la timidez. Exploraremos sobre este comportamiento, sus causas subyacentes y cómo se manifiesta en la vida cotidiana de las personas. Además, abordaremos por qué es importante comprender esta característica personal antes de poder superarla.

Definición de la timidez

La timidez es una respuesta emocional y comportamental que experimentan muchas personas en situaciones sociales o cuando se enfrentan a la posibilidad de ser evaluados por otros. Puede manifestarse de diversas maneras, desde sentir ansiedad en grupo hasta evitar situaciones sociales en su totalidad. La timidez no es un defecto, sino una característica que aparece en la personalidad y que afecta a personas de todas las edades y orígenes.
La definición de tímido en el diccionario anglosajón es: persona que se asusta con facilidad.

Ser tímido significa experimentar dificultades en la comunicación debido a la timidez, la cautela y la desconfianza.

Diccionario Webster: La timidez es un sentimiento de incomodidad en presencia de los demás.

La timidez es una tendencia general a sentirse tenso, rígido e incómodo en situaciones sociales.

En un cuadro de timidez, una persona no hace algo que le gustaría hacer o en lo que es bueno porque sigue las órdenes de un "supervisor interno" que le dice: "Te verás gracioso, se reirán de ti, este no es el lugar para esto", "si no te escuchan y no te ven... estarás bien".

Una persona tímida intenta no comportarse de forma espontánea. Evita el comportamiento natural y sociable. Organiza su vida de tal manera que intenta evitar situaciones en las que tendrá que actuar de forma espontánea. (tratando de no traspasar el estrecho pasillo del confort).

A estas personas les resulta difícil hacer nuevas amistades, hacer nuevos amigos y aprovechar oportunidades agradables.

La timidez le impide defender sus derechos, expresar sus opiniones y hablar sobre su sistema de valores. Así tampoco descree o le baja el valor a la evaluación positiva de los demás sobre sus habilidades.

La timidez provoca vergüenza y preocupación excesiva por las propias reacciones. Además, interfiere con el pensamiento claro y la comunicación efectiva.

Los sentimientos negativos como la depresión, la ansiedad y la soledad son síntomas comunes de la timidez.

La timidez es un fenómeno común. Según el psicólogo estadounidense Philip Zimbardo, el 80% de los estadounidenses encuestados dijeron que habían sido tímidos en algún momento de sus vidas. Aproximadamente una cuarta parte de los encuestados se describieron como crónicamente tímidos. En las últimas décadas, el número de estadounidenses que admiten ser tímidos ha aumentado del 40 al 50%. Según los psicólogos, una parte importante de la población adulta occidental cae en la categoría de tímidos (30% de las mujeres y 23% de los hombres). Entre los escolares, esta cifra oscila entre el 25 y el 35%.

Una persona tímida está encerrada en sí misma y en sus experiencias dolorosas, que no puede ni quiere compartir con otras personas. Prefiere permanecer en silencio hasta que las circunstancias le empujen a hablar. Este aislamiento se acompaña de tensión muscular y estupor motor.

Uno de los mejores libros sobre este tema, es precisamente el trabajo de F. Zimbardo, donde proporciona varias citas del diccionario Webster:

"Una persona tímida es aprensiva y no está dispuesta a encontrarse ni a tener contacto con ninguna persona o cosa en particular". "Impresionable, tímido, reacio a hacer valer sus derechos", una persona tímida puede ser propensa a la soledad o al secretismo debido a la duda o al miedo al acoso de su antípoda, una personalidad dudosa, suspicaz y "oscura". El Diccionario Webster define la timidez como la torpeza en presencia de otras personas."

La timidez va de la mano de la vergüenza, que el mismo Zimbardo define como "una pérdida aguda y breve del respeto por uno mismo" que se produce periódicamente en muchas personas. La vergüenza es adyacente a la incomodidad, durante la cual, desde el exterior, queda claro que una persona está absorta en sí misma y tiene una reacción dolorosa a cómo la ven o es percibida por otros. Las personas tímidas se avergüenzan de sí mismas, es decir, tienen una actitud negativa hacia sí mismas.

Por otra parte, un estudio realizado por Paul Pilkonis, psiquiatra de la Universidad de Pittsburgh, identificó dos tipos principales de personas tímidas:

- **Los que son tímidos en público**. Actuación pública. Las sensaciones que experimentan influyen en las acciones de los tímidos, que influyen en las opiniones que desarrollan otras personas, y esto influye en lo que los propios tímidos piensan sobre sí mismos.

- **Los que se avergüenzan delante de sí mismos**. Las personas tímidas tienen que crear la ilusión de confianza en sí mismas ante los demás, gastando mucha energía emocional en el proceso.

Otra clasificación indica:

Internamente tímido. No parecen personas tímidas. Se comunican con total tranquilidad con diferentes personas. A menudo logran el éxito. Dan una impresión favorable. Pero por dentro experimentan una tensión pronunciada. Dedican demasiado esfuerzo a anticipar el evento y a varias pequeñas cosas durante el mismo. Nadie sabe lo que les cuesta aguantar este juego de convertirse en una persona segura de sí misma.

Exteriormente tímido. Estas son personas que parecen y actúan tímidas. Intentan limitar los contactos. Intentan no preguntar nada. Intentan esconderse. Se vuelven invisibles. A menudo reservados. Rara vez lo consiguen. Cualquier fracaso provoca una pérdida de confianza.

Los matices de la timidez

La timidez no es una experiencia universalmente idéntica. Cada individuo puede experimentarla de manera única. Algunas personas solo se sienten tímidas en situaciones específicas, como hablar en público o acercarse a alguien que les atrae. Otros pueden experimentar timidez de manera más generalizada, afectando múltiples áreas de sus vidas. Comprender la variabilidad de la timidez es esencial para abordarla de manera efectiva.

La timidez puede tener un impacto significativo en la vida de quienes la experimentan. Algunos de los efectos comunes incluyen:

Limitación de oportunidades: Las personas tímidas pueden evitar tomar riesgos o buscar nuevas oportunidades debido al miedo al fracaso o al rechazo.

Dificultades en las relaciones: La timidez puede dificultar la formación y el mantenimiento de relaciones personales y románticas.

Autoestima afectada: La timidez crónica puede minar la autoestima y la confianza en uno mismo, lo que puede convertirse en un ciclo negativo.

Estrés y ansiedad: La timidez puede desencadenar estrés y ansiedad en situaciones sociales, lo que puede afectar la salud mental y emocional.

La timidez como una respuesta evolutiva

Es importante recordar que la timidez no es necesariamente una debilidad. De hecho, puede tener raíces evolutivas. En nuestros antepasados, ser cauteloso en situaciones desconocidas o con personas nuevas podía ser una estrategia de supervivencia. La timidez también puede ser una señal de respeto hacia los demás, ya que implica preocupación por su opinión.

¿La timidez es buena o mala?

La timidez tiene sus lados positivos. Alrededor del 15% de las personas que se consideran tímidas dicen disfrutar de esta cualidad. Como regla general, una persona tímida se caracteriza por cualidades positivas como la seriedad, la moderación y la modestia.

Los beneficios de la timidez también incluyen el hecho de que una persona se vuelve exigente en sus relaciones con los demás. Esta cualidad también permite a una persona mantenerse al margen, observar lo que está sucediendo y solo entonces comenzar a actuar, deliberada y cuidadosamente. Además, las personas tímidas no son conflictivas.

Pero, si observa más de cerca la timidez, puede verse en su base un mecanismo especial de comparación desfavorable de uno mismo con un cierto estándar de confianza y emancipación que existe en la mente de esas personas. La comparación es siempre el resultado del trabajo de la mente, pero se evalúa y se experimenta a nivel emocional. El estado de seguridad depende directamente de la profundidad de la experiencia.

Una persona tiene miedo de ser ella misma en presencia de otras personas y, por lo tanto, adopta una postura psicológica artificial e incómoda. Su espacio de interacción con otras personas se estrecha, comienza a evitar todo lo nuevo en la vida y el tejido de su conciencia se cubre de cicatrices del trauma psicológico que le inflige cada contacto. No vive, sino que existe, como si estuviera medio doblado.

Vivimos en un mundo cruel donde la debilidad es pisoteada bajo la ley de la fuerza bruta y el interés propio. A las personas tímidas siempre las golpean con fines de lucro o de autoafirmación del otro, y probablemente seguirán golpeándolas durante mucho tiempo si no se animan, se enojan consigo mismas con buena ira deportiva y no intentan volverse más fuertes. Estas personas se atraen los golpes con su apariencia, su expresión facial, en cuya frente está escrito con letras grandes: "Soy una víctima", y su energía sutil, como si estuviera destinada a ser golpeada todo el tiempo. Aunque las personas tímidas a veces explotan y protestan, sus arrebatos casi siempre son intentos tardíos de ganarse el respeto y restaurar el status quo. O no tienen ningún efecto sobre los agresores o les provocan una ira aún mayor y el deseo de acabar con la víctima que protesta torpemente.

Una persona tímida e insegura, en lugar de descargar de forma correcta la insatisfacción que surge al comunicarse con el comportamiento de otras personas, dándoles una señal de que sus reacciones son inaceptables, acumula ira y resentimiento. Cuando las emociones negativas acumuladas se desbordan, muchas personas de este tipo activan sus mecanismos de defensa y se produce una explosión. Sin embargo, a menudo sucede que, debido a su debilidad y falta de fe en sus propias fortalezas, una persona tímida no se atreve a descargar su insatisfacción con quien realmente tiene la culpa, y comienza a descargar su frustración, trasladando su irritación, incluso a personas más débiles: familiares, amigos, hijos, empleados de nivel inferior.

¿Qué tan común es la timidez?

Hablando de timidez, hay que entender que es, hasta cierto punto, inherente a cada persona. Más del 80% de las personas encuestadas admitieron haber experimentado timidez en el pasado, en el presente o siempre.

Muy a menudo, las personas se sienten tímidas porque carecen de confianza en sí mismas y de habilidades sociales. Muchas personas tímidas carecen de la capacidad de mantener relaciones con otras personas. No saben cómo iniciar una conversación, responder una pregunta en detalle o pedir un aumento. No pueden hacer lo que creen necesario sólo por falta de confianza en sí mismos. En casos críticos, puede costarle a una persona una carrera o una relación seria.

Autoevaluación personal

Antes de comenzar a trabajar en la superación de la timidez, es fundamental que te conozcas a ti mismo. Esto implica reconocer cuándo y cómo experimentas la timidez. Reflexiona sobre tus experiencias pasadas y las situaciones que te generan más ansiedad. Esta autoevaluación es el primer paso hacia la transformación y te ayudará a establecer objetivos claros para el futuro.

Capítulo 2
Los efectos de la timidez

En este capítulo, exploraremos en detalle los efectos de la timidez en la vida de las personas. Comprender cómo la timidez puede afectar diversas áreas, desde las relaciones interpersonales hasta la autoestima, es fundamental para motivar el proceso de superación.

La timidez puede manifestarse en una variedad de situaciones:

Cuando una persona se siente tímida en un **número reducido** de situaciones, normalmente no tiene un impacto significativo en su vida.

Timidez moderada: una persona experimenta este sentimiento en algunas situaciones y con algunas personas. Por ejemplo, es posible que no sienta timidez al interactuar con gente nueva, pero la timidez surge al contactar a representantes del grupo de referencia (un estudiante puede comunicarse tranquilamente con sus compañeros, pero se siente tímido frente a un profesor respetado. Un joven se comunica bien con chicos, pero cuando se comunica con chicas entra en un estupor).

El grado extremo surge cuando es necesario contactar con diferentes tipos de personas. El miedo a la gente no tiene límites. Las personas crónicamente "tímidas" experimentan tal miedo y ansiedad en presencia de otras personas que surge un deseo: huir, esconderse.

La timidez puede tomar la forma de una neurosis grave y paralizar la conciencia. También puede ser uno de los motivos del suicidio.

Por otro lado, estas personas suelen ser muy agradables con los demás. Mucha gente los considera amables. Aunque en realidad esto no es bondad.

El mundo interior de una persona tímida

Hay tres tipos de reacciones que se manifiestan durante la timidez:

1)   Signos de comportamiento
- Silencio
- Es difícil mirar a tu interlocutor a los ojos.
- Voz baja
- Tienen dificultad para formular sus pensamientos. Rara vez expresan con palabras su mundo interior.
- Rigidez en los movimientos, etc.

El problema de la timidez no es sólo una falta de habilidades comunicativas, sino también una falta de comprensión del significado de las relaciones humanas. Estas personas creen que les resulta más fácil permanecer en silencio y mantenerse firmes que decir algo y posiblemente perder.

2)   Síntomas fisiológicos
- Taquicardia
- La sudoración aumenta
- Piel de gallina
- Enrojecimiento

Las personas tímidas tienden a centrarse en estos síntomas. De hecho, a veces se esfuerzan por evitar verse puestos en una situación en la que puedan sentirse avergonzados. Sienten estos síntomas de antemano y, pensando sólo en el desastre, intentan evitar los acontecimientos que los provocan.
Vergüenza

3)   **Pérdida de confianza en uno mismo**

- Vergüenza
- Violación de funciones intelectuales.

Me gustaría detenerme en el último punto con más detalle. En la cabeza de una persona tímida hay un censor, un supervisor. Una especie de juez que dice si una persona se comporta "correctamente" o no. Este juez, colocado allí por los padres ("Super Yo" en la teoría psicoanalítica), persigue a la persona toda su vida (a veces es la imagen de los padres). Si una persona no se deshace de este juez, nunca podrá deshacerse de la timidez.

¿Qué pasa por la cabeza de una persona así?

En primer lugar, monitorea constantemente la situación, tratando de determinar qué impresión da a los demás.

En segundo lugar, en su cabeza hay un diálogo constante con su supervisor interno. Qué hacer y qué no hacer. ¿Qué pensarán de mí?, etc.

Ambos procesos eliminan la mayoría de los recursos intelectuales de una persona. Una persona dedica su intelecto, su mente, que debe dirigirse a analizar la situación y tomar una decisión, a rastrear la impresión que da y a llegar a un acuerdo con su censor.

Ya no hay suficiente inteligencia para resolver el problema. En los momentos en que alguien experimenta timidez, se encuentra con una mente "nublada". Se podría decir temporalmente "tonto". Es por esta razón que muchas veces las personas no pueden tomar una decisión o encontrar la respuesta correcta. A menudo incluso toman decisiones completamente equivocadas. Y esto no es porque les falte "cerebro". El intelecto está bien. Es solo que en este momento toda la mente está dirigida a monitorear las actitudes de los demás y los diálogos internos.

Cuando aumenta la ansiedad y aparece el autocontrol, las personas tímidas prestan menos atención a la información entrante. La timidez deteriora la memoria hasta el límite.

Interesantes a este respecto son las historias de personas que realizaron tareas para deshacerse de la timidez. Una de las tareas es anunciar su próximo descenso en la parada siguiente en un autobús lleno. Por cierto, es muy eficaz. Tan pronto como una persona tomaba aire en su boca para gritar alto, comenzaba a sentir que se caía, casi desmayándose.

Entonces se puede ser muy inteligente, pero en una situación que le provocó timidez, se vuelve mala. Por tanto, es necesario deshacernos de la timidez.

Una de las actividades "favoritas" de las personas tímidas es la introspección. La introspección por un lado es un signo de salud mental, pero cuando se convierte en una obsesión, indica un trastorno mental.

Estas personas sólo se preocupan por sí mismas. La introspección en el comportamiento público a menudo se refleja en la preocupación por la impresión que se da en los demás. La introspección obsesiva de una persona tímida se convierte en un fin en sí misma y asfixia su capacidad de acción, dirigiendo la energía necesaria para actuar al pensamiento.

Una de las consecuencias más desagradables de la timidez es que hace que la persona se concentre tanto en sí misma que simplemente no se da cuenta de nada de lo que sucede a su alrededor.

Las personas tímidas se aíslan de la calidez de las relaciones humanas. Mucha gente vive según el principio "No les des nada a los demás, no pidas nada".

Al decidir si comunicarnos con otra persona, pensamos en la posible ganancia y la comparamos con la posible pérdida si nos encuentran aburridos, indignos o divertidos. Las personas crónicamente tímidas son muy conscientes de este proceso de toma de decisiones porque siempre les preocupa ser aceptadas. Sopesan constantemente las ventajas y desventajas de comunicarse con cualquier persona, incluso si la relación ya se ha desarrollado.

Las personas tímidas a menudo resuelven radicalmente el problema de las nuevas relaciones: las abandonan. No corren el riesgo de ser rechazados, sino que prefieren el aislamiento. Pero una persona debe correr este riesgo para poder tener relaciones importantes en su vida.

De hecho, muchas personas tímidas quieren charlar y reír. La irritación silenciosa es su reacción habitual ante el abandono social, incluso si ellos mismos tomaron esta decisión.

Signos o síntomas generales de la timidez

En cuanto a las manifestaciones de timidez, aquí todo es mucho más sencillo que con sus causas, y los psicólogos identifican toda una gama de síntomas:

*   Miedo a interactuar o hablar en público.
*   Malestar emocional al comunicarse con extraños o personas desconocidas.
*   La persona habla en voz baja y con incertidumbre, intentando dar respuestas lo más breves posible.
*   Como regla general, una persona tímida no inicia una conversación primero.
*   Durante una conversación, una persona tímida suele apartar la mirada del interlocutor.
*   El deseo de evitar la atención de extraños.
*   Aumento de la sudoración, taquicardia, enrojecimiento de la cara.
*   Una persona tímida a menudo tiene la actitud de que no será interesante para los demás, experimenta un sentimiento de impotencia e incomodidad, y se avergüenza y se condena a sí misma.
*   Selectividad en los contactos con las personas.

Si notas una combinación de estos signos en ti o en alguien que conoces, significa que tú o esa persona están familiarizados con la timidez de primera mano. Aunque, por regla general, las propias personas tímidas son muy conscientes de esta peculiaridad tuya. Pero, lamentablemente, rara vez piensan en sus consecuencias.

Enumerando los efectos:

- **Limitación de oportunidades**

La timidez puede actuar como una barrera que impide que las personas aprovechen al máximo las oportunidades que se les presentan. Esto puede manifestarse de varias maneras:

Oportunidades profesionales: Las personas tímidas pueden evitar ascensos o puestos de liderazgo por miedo a la exposición o a tomar decisiones difíciles.

Desarrollo personal: La timidez puede limitar la capacidad de aprender nuevas habilidades o adentrarse en nuevos pasatiempos, ya que a menudo implica interactuar con otras personas.

Exploración de relaciones: La timidez puede dificultar la formación de nuevas amistades o relaciones románticas, lo que puede llevar a la soledad.

A su vez, la timidez puede poner obstáculos en el camino de las relaciones interpersonales, tanto en el ámbito social como en el romántico:

Amistades: Las personas tímidas pueden tener dificultades para establecer conexiones significativas con otros, lo que a veces las lleva a sentirse aisladas.

Relaciones románticas: La timidez puede dificultar el inicio de relaciones románticas, así como la comunicación efectiva dentro de ellas. Es conocido el efecto "zona de amigos" en donde el pretendiente elige colocarse en el rol de "amigo/a" o "consejero" en vez de manifestar sus sentimientos, para así no sentirse afectado por un potencial rechazo. El pensamiento es el siguiente "Si me ubico como amigo/a, en algún momento se enamorará de mí y será él/ella la que tome la iniciativa".

Redes sociales: En la era de las redes sociales, la timidez puede incluso afectar la capacidad de conectarse en línea y aprovechar las redes profesionales.

- **Autoestima Afectada**

La timidez crónica a menudo socava la autoestima y la confianza en uno mismo. Esto puede ser un ciclo perjudicial:

Autocrítica constante: Las personas tímidas tienden a ser autocríticas, juzgándose duramente y enfocándose en sus defectos percibidos.

Refuerzo negativo: Cuando la timidez obstaculiza las interacciones sociales o el logro de metas, puede reforzar la creencia de que uno no es capaz o no es digno de éxito.

Aislamiento emocional: La timidez puede llevar al aislamiento emocional, ya que las personas tímidas pueden evitar compartir sus pensamientos y sentimientos con otros.

Por otra parte, la timidez suele estar acompañada de estrés y ansiedad en situaciones sociales. Esto puede tener un impacto negativo en la salud mental y emocional:

Síntomas físicos: La ansiedad social puede provocar síntomas físicos como sudoración excesiva, palpitaciones y enrojecimiento facial.

Aislamiento voluntario: Para evitar la ansiedad, las personas tímidas a veces optan por aislarse o evitar situaciones sociales, lo que puede aumentar su soledad y su sensación de aislamiento.

Círculo vicioso: La ansiedad social puede convertirse en un ciclo vicioso, ya que el miedo a la ansiedad puede generar más ansiedad, lo que dificulta aún más la interacción social.

Consecuencias de la timidez

Muy a menudo, la timidez se considera un rasgo de carácter negativo o neutral (no confundir timidez y modestia). Esto se debe a que, en primer lugar, una persona tímida tiene dificultades para hacer nuevas amistades, lo que significa que tiene un círculo de amigos muy reducido. Además, una persona tímida a menudo oculta su opinión, no se esfuerza por expresar su voluntad y, en general, se comporta como un cobarde. Por supuesto, esto es una barrera para su desarrollo y autorrealización.

En algunas situaciones, debido a la timidez, una persona pierde el control sobre sí misma, se comporta de manera incómoda, no puede concentrarse y olvida cosas simples. Esto también interfiere. El estrés emocional, que puede ser causado por la timidez, agota rápidamente a la persona, desperdicia su energía y contribuye al agotamiento emocional.

La timidez a veces hace que las personas pierdan oportunidades. Por ejemplo, dudan en pedir algo o defender su idea. Todo esto sugiere que es necesario deshacerse de la timidez.

Por lo tanto, la timidez puede tener una serie de efectos negativos en la vida de una persona, desde la limitación de oportunidades hasta la afectación de las relaciones y la autoestima. Sin embargo, es importante recordar que estos efectos no son permanentes y que existen estrategias y técnicas efectivas para superarla y vivir una vida más plena y satisfactoria. En los próximos capítulos, exploraremos estas estrategias en detalle.

Capítulo 3
Las raíces de la timidez

En este capítulo, profundizaremos en las posibles causas y raíces de la timidez. Comprender por qué una persona es tímida es un paso importante hacia la superación de esta particularidad. Examinaremos factores genéticos, sociales, ambientales y psicológicos que pueden contribuir a este comportamiento.

En psicología no hay consenso al respecto y existen diferentes enfoques. No entraremos en todos los detalles, pero sí hablaremos brevemente de cada uno de ellos.

Los orígenes de la timidez, posiblemente en la mayoría de los casos, deben buscarse en la infancia, donde a la persona no se le enseñaba a amarse a sí misma y aceptarse a sí misma como un todo. Posteriormente, los traumas y problemas de la vida consolidan esta propiedad y la convierten en una compañera constante de la persona.

Es habitual identificar factores naturales y sociales que moldean la timidez:

Factores naturales. Este es un temperamento determinado por el tipo de sistema nervioso.

A primera vista, puede parecer que la timidez es una prioridad para los introvertidos: personas centradas en su mundo interior, que no necesitan numerosos contactos externos y que prefieren la soledad. Estos incluyen personas flemáticas y melancólicas. Parece que dentro de esta categoría hay más gente tímida. Y estos son individuos aparentemente tímidos.

También existe una conexión muy estrecha entre el tipo de educación de un niño y las características de su desarrollo mental.

Las manifestaciones más típicas de una educación inadecuada: rechazo; no hay contacto mental entre padres e hijos; sobreprotección; Los padres crían al niño demasiado "correctamente", programan cada uno de sus pasos. El niño se ve obligado a reprimir crónicamente sus impulsos y deseos.

Tipo de educación ansiosa y desconfiada: Si solo hay un hijo en la familia, este tipo es común. Tiemblan por el niño, lo cuidan especialmente y este es un terreno fértil para el desarrollo de la indecisión, la timidez y las dolorosas dudas.

Factores genéticos y biológicos

Con la denominada Teoría de la timidez innata, el psicólogo británico Raymond Cattell y otros investigadores, se manifestaron convencidos que la timidez es consecuencia de un sistema nervioso más sensible y puede heredarse, como otros rasgos de la personalidad. La timidez, según Cattell, es un rasgo de carácter inmutable, es decir, si una persona tiene una timidez innata, ninguna experiencia podrá cambiarla.

Algunas personas pueden estar genéticamente predispuestas a ser tímidas; y hasta podría ser parte de la herencia de una familia, aunque no necesariamente de manera directa. Algunos de los factores genéticos y biológicos que pueden influir en la timidez incluyen:

• **Temperamento**: Algunas personas nacen con un temperamento más tímido y reservado debido a diferencias en la química cerebral.

• **Hipersensibilidad**: Una mayor sensibilidad a estímulos emocionales y sensoriales puede contribuir a la timidez.

• **Estabilidad emocional**: La predisposición a la ansiedad y la inseguridad también puede tener raíces genéticas.

Enfoque conductista

Los conductistas creen que la timidez puede surgir por las siguientes razones:

• Falta de habilidades comunicativas para relacionarse plenamente con otras personas.

• Autodesprecio por la propia insuficiencia (incluidas las imaginarias).

• Anticipación del propio comportamiento inadecuado, ansiedad por ello. En pocas palabras, una persona tiene miedo de hacer algo mal y no hace nada.

• Tener experiencias de comunicación negativas en el pasado.

Aquí no podemos dejar de estar de acuerdo, porque estas razones en realidad resultan bastante convincentes y, como resultado de ellas, es posible que surjan miedo, incomodidad y otros signos de timidez.

Influencias sociales y culturales

El entorno social y cultural en el que crecemos desempeña un papel crucial en la formación de nuestra personalidad y, por lo tanto, en la timidez:

• **Modelado de roles**: Si observamos a figuras de autoridad o modelos en nuestro entorno que son tímidos, es posible que imitemos su comportamiento.

• **Expectativas sociales**: Las normas y expectativas sociales pueden fomentar o reprimir la expresión de la timidez.

• **Cultura y crianza**: La cultura y la forma en que fuimos criados pueden influir en cómo expresamos y percibimos la timidez.

Así mismo, las experiencias de vida también pueden contribuir a la timidez, especialmente si se asocian con eventos traumáticos o negativos:

Burlas y rechazo en la infancia: Experiencias de burlas, rechazo o humillación en la niñez pueden generar una timidez defensiva como mecanismo de protección. Si de niños se ha sufrido por las burlas en alguna característica corporal o porque no se ajusta a lo "aceptado culturalmente" (color de piel, estatura, raza, estatus social, etc.), es plausible que la persona se vuelva retraída socialmente.

Eventos traumáticos: Traumas o eventos estresantes en la vida, como el acoso o la pérdida de seres queridos, pueden aumentarla.

Factores Psicológicos

La timidez también puede tener raíces psicológicas profundas:

• **Autoimagen negativa:** La percepción negativa de uno mismo puede contribuir a la timidez, ya que la persona puede sentir que no es digna de atención o que los demás la juzgarán.

• **Miedo al rechazo**: El temor al rechazo o al ridículo puede llevar a la timidez, ya que la persona trata de evitar situaciones en las que pueda ser vulnerable (lo veremos en detalle en el capítulo 7)

• **Perfeccionismo**: El deseo de ser perfecto en situaciones sociales puede aumentar la ansiedad y la timidez.

A su vez, los psicoanalistas ven la timidez como un síntoma de contradicciones internas: necesidades primarias insatisfechas, narcisismo, choque entre mecanismos de defensa y agresión, etc. Pero para comprender con más precisión este enfoque, lo mejor es estudiar con más detalle la teoría de Sigmund Freud.

La timidez también puede ser miedo a no ser aceptado o comprendido. Quizás la timidez sea parte de su "concepto de yo", es decir, usted mismo se preparó para ese modelo de comportamiento. Y, por supuesto, las dudas y la baja autoestima pueden provocar timidez. La timidez situacional puede ser causada por ansiedad y una sensación de nerviosismo.

Comprender estas posibles raíces de la timidez es esencial para abordarla de manera efectiva. A medida que avancemos en el libro, exploraremos estrategias y técnicas específicas para superar estas situaciones, independientemente de sus causas. Recuerda que la timidez no es una sentencia permanente, y con esfuerzo y determinación, puedes aprender a superarla y vivir una vida más plena y confiada.

Capítulo 4
Estrategias para superar la timidez

En este capítulo, nos adentraremos en el núcleo del proceso de superación de la timidez. Exploraremos una variedad de estrategias y técnicas prácticas que te ayudarán a abordar y superar la timidez en diferentes aspectos de tu vida.

Algunos expertos, como ya hemos dicho, están seguros de que la timidez es casi una sentencia, un estigma de por vida. Pero hay quienes piensan de manera completamente diferente. Así, muchos psicólogos y psicoterapeutas confían en que la timidez se puede superar con la ayuda de recomendaciones muy sencillas:

Por supuesto, este libro no pretende ser un estudio completo de la timidez que ha llevado décadas de estudio y cientos de libros publicados. Pero si tienes en cuenta lo que hemos hablado, este puede ser el comienzo de tu "transformación" personal de una persona tímida a una persona segura y fuerte.

¿Cómo superar la timidez?

La timidez es un complejo de problemas y para deshacerse de ella necesitará varios métodos y técnicas. Sin embargo, lo más importante para alcanzar el éxito es la firme intención de cambiar el rumbo de vida.

Existen cuatro enfoques diferentes para combatirla, cada uno de los cuales debe desarrollarse por separado:

• Cambia tu comportamiento;
• Cambiar algunos factores sociales que influyen en la timidez;
• Cambia tu imagen de ti mismo y de tu timidez;
• Cambia la forma en que otras personas piensan y actúan.

No debes hacer movimientos bruscos. Superar la timidez no se consigue de la noche a la mañana; la confianza en uno mismo llega poco a poco. Es necesario practicar mucho y no tener miedo de los contratiempos temporales.

Lo primero que hay que entender es que una persona no es inmutable, es capaz de cambiar, incluso radicalmente. El comportamiento humano e incluso la esencia humana cambian si la situación cambia. La naturaleza humana es flexible y adaptable al medio ambiente. Aquellos animales y personas que han perdido esta capacidad están en peligro de extinción. Por tanto, para poder cambiar un comportamiento, es necesario identificar los factores que provocan dicho comportamiento indeseable.

En la mayoría de los casos, el deseo de superar la timidez se ve debilitado al comprender que tendrás que tomar la iniciativa. Después de todo, la timidez es una defensa conveniente contra lo peor: ser poco interesante, innecesario, no amado, poco inteligente. Sin embargo, será posible cambiar la vida si se cree ser capaz de hacerlo y rechaza los dudosos beneficios de la timidez.

Hay muchas menos personas tímidas que permanecen así durante toda su vida que aquellas que finalmente lograron superarlo. La timidez y la indecisión se pueden superar, pero esto requerirá un gran esfuerzo.

La inercia y la falta de iniciativa te impiden revelar tu potencial y capacidad de comunicar. Debes entender que practicar en casa durante 10 minutos no solucionará el problema. Si una persona quiere superar la timidez, debe dedicar mucho tiempo, esfuerzo y energía para lograr el objetivo.

Trabajar en uno mismo incluye varios aspectos:

- **Comprender en quién quieres convertirte**: Aprende el gran arte de verte a ti mismo con calma y objetividad, como si fueras desde fuera, sin evaluaciones ni condenas. Una visión tan aparentemente neutral despertará gradualmente tus emociones positivas, un sentimiento de alegría y amor por el mundo entero, incluido en ti mismo como parte de este mundo. Dirige este amor hacia ese rasgo interior oscurecido que tanto te desagrada y que con tanta diligencia ocultas a las miradas de los demás.

- **Aporta un ligero desapego y un humor amable a tu actitud hacia ti mismo.** Ríete de su timidez e inseguridades. Acéptalos con facilidad, sin tensiones, sin juzgarte por tales cualidades, pero percibiendo su presencia como un trampolín para seguir mejorando.

- **Autocomprensión**: Intenta entender lo que no te gusta de ti y por qué lo rechazas. ¿Qué te motiva a esforzarte tanto en ocultar este rasgo o cualidad a otras personas? ¿Qué pasa si, por el contrario, lo aceptas primero para ti y luego lo abres a los demás? Para deshacerse de la timidez, primero intenta imaginarla en tu mente y luego transfiere gradualmente tu idea, visión y estado de ánimo a la realidad.

- **Comprender la naturaleza de tu timidez**: Observa atentamente tu timidez e inseguridad y trata de comprender sus orígenes. ¿De dónde sacaste esta propiedad? ¿Es congénito o adquirido? Y si lo adquiriste, ¿qué fue lo que más te influyó: fracasos, acoso, burlas, críticas, circunstancias difíciles u otras razones? Responde también a la pregunta: ¿es fácil eliminar estas razones con una simple decisión o requiere un trabajo minucioso, tal vez junto con un especialista?

- **Autoestima**: Intenta ver en ti mismo ese estándar interno de confianza, cuya comparación te lleva a un estado de tensión y presión emocional. ¿Por qué estás tan dolorosamente preocupado por el hecho de que no eres como él? ¿De dónde sacaste este estándar interno y esta imagen? ¿Quién lo implantó en tu conciencia? Piénsalo, ¿podrías vivir sin compararte con nadie ni con nada, pero aceptándote tal y como eres?

- **Desarrollar habilidades para una interacción social exitosa**: Reúne todos los recursos pasados de tus victorias o al menos escenarios de comunicación exitosos en cualquier situación. Recuerda todas las veces que te sentiste confiado y relajado en dichas empresas. Intenta recordar y revivir las emociones positivas que experimentaste en ese momento. Luego reúne estas emociones en un gran sentido holístico de confianza en ti mismo y prepárate para expandirlo aún más. Satura todo tu ser con este sentimiento, como con una sustancia luminosa: cuerpo, organismo, sistema nervioso, psique, conciencia, tu "yo".

• **Obsérvate mentalmente** y trata de descubrir algunas tinieblas internas y bloqueos energéticos en ti que son responsables del estado de incertidumbre y que te impiden deshacerte de la timidez. Luego disuelve este sentimiento y estado en todos los niveles de tu ser, desde la conciencia hasta el cuerpo, y reemplázalo con un estado de confianza.

• **Recurrir al apoyo externo y ayudar a otras personas tímidas:** Observa de cerca a las personas confiadas y liberadas. Trata de comprender cuál es el secreto de su éxito y cómo logran comportarse relajados y confiados en todas las situaciones. Intenta imaginar cómo funciona su mundo interior. Piénselo, ¿existen al menos algunos rudimentos débiles de tal confianza y relajación dentro de ti? Si es así, sintonízate con este estado una y otra vez, captándolo y fortaleciéndolo. Piensa también si eres capaz de las acciones que cometen estas personas o no.

• **Trata de comportarte como se comportan las personas de este tipo**: con libertad, confianza, desinhibición, haciendo lo que les gusta hacer, sin tener en cuenta a los demás. Introduce impulsos de libertad y emancipación en tus gestos, movimientos, miradas, andar, entonación, expresiones faciales, decisiones, acciones. Logra una sensación clara de que un flujo de libertad te atraviesa.

La importancia de la Autoaceptación

La autoaceptación es un paso crucial en la superación de la timidez. Antes de poder cambiar, es importante aceptar y amar quién eres, incluyendo tu timidez. Algunas estrategias para lograr la autoaceptación incluyen:

Practicar la auto compasión: Trátate a ti mismo con la misma compasión que tratarías a un amigo que estuviera pasando por una situación similar.

Utiliza afirmaciones positivas: Deja de llamarte tímido, torpe, inseguro, etc. e incluso pensar en ti mismo de esta manera. Asegúrate de que tu autohipnosis traiga beneficios, no daños.

Reconocer tus logros: Celebra tus éxitos, incluso los pequeños, para fortalecer tu confianza en ti mismo.

Aceptar tus limitaciones actuales: Reconoce que está bien tener áreas de mejora y que la timidez es solo una parte de quién eres.

Técnicas de relajación y control de la ansiedad

La ansiedad social es una parte común de la timidez, pero se puede aprender a controlar. Aquí tienes algunas estrategias para reducir la ansiedad:

Técnicas de respiración: Practicar la respiración profunda y consciente puede ayudar a calmarte en situaciones estresantes.

Visualización positiva: Imagina escenarios sociales exitosos y positivos para cambiar tu mentalidad hacia experiencias sociales más gratificantes.

Mindfulness: Aprende a estar presente en el momento y a observar tus pensamientos y emociones sin juzgar.

Presta mucha atención a liberar la tensión muscular. La timidez simplemente deja de existir como propiedad si una persona ha aprendido a relajar verdaderamente su cuerpo. Cada faceta de la timidez tiene su propia manifestación muscular. Estudia los patrones musculares de tu timidez. Trata de comprender qué grupos de músculos son las fuerzas principales que sustentan este estado emocional negativo.

En el momento de los golpes o de la presión de las circunstancias, trata de responderles levantando un escudo de energía tejido con la sustancia de la confianza. Debes creer que puedes manejar el problema.

Al mismo tiempo, no te conviertas en un biorobot seguro de sí mismo. La confianza no es una meta, es solo un medio para lograr una meta y un cierto indicador de la vitalidad de una persona, que indica que la meta se logrará. Deja espacio para el dolor, el fracaso y la acumulación de experiencia. Recuerda lo que dijo Zimbardo: "No sobreprotejas tu ego: es más fuerte y resistente de lo que crees. Se dobla pero no se rompe. Es mucho mejor sentir dolor en el alma de vez en cuando porque no actuaste de la mejor manera, que evitar el dolor a costa de la sensación emocional".

Desarrollo de la confianza en uno mismo

La confianza en uno mismo es esencial para superar la timidez. Algunas estrategias para desarrollar la confianza incluyen:

Establecer metas pequeñas y alcanzables: Lograr metas pequeñas te dará la confianza para enfrentar desafíos más grandes.

Practicar la asertividad: Aprende a expresar tus pensamientos y sentimientos de manera respetuosa y firme.

Hablar en público: Un entrenamiento en hablar en público puede ayudarte a superar el miedo a hablar frente a otros.

Exposición gradual

La exposición gradual es una técnica efectiva para enfrentar la timidez y la ansiedad social. Esta estrategia implica exponerte gradualmente a las situaciones que te generan ansiedad, comenzando con las menos amenazantes y avanzando hacia las más desafiantes.

Lista de jerarquía de exposición: Crea una lista de situaciones sociales que te generan ansiedad y clasifícalas por orden de dificultad.

Práctica sistemática: Comienza con las situaciones menos estresantes y trabaja en ellas hasta que te sientas cómodo antes de avanzar hacia las siguientes.

Celebra tus logros: Reconoce tus éxitos a medida que avanzas en la exposición gradual para mantenerte motivado.

Habilidades sociales y comunicativas

Mejorar tus habilidades sociales y comunicativas es esencial para superar la timidez. Algunas estrategias para lograrlo incluyen:

Escucha activa: Practica la escucha activa para demostrar interés genuino en las conversaciones.

Habla en público: Aprende técnicas de comunicación efectiva para sentirte más seguro al hablar frente a grupos.

Desarrolla habilidades de conversación: Practica hacer preguntas abiertas, mantener el contacto visual y expresar empatía en tus interacciones sociales.

Puedes utilizar el método de las intenciones paradójicas. Por ejemplo, si tienes miedo de hablar con alguien, exagera las posibles consecuencias y utiliza el humor para representarlas en tu imaginación. Como regla general, el miedo desaparece después de esto. Pero aquí también es necesario un trabajo constante y a largo plazo en uno mismo.

Superar la timidez implica un proceso de autodescubrimiento y crecimiento personal. Estas estrategias te proporcionarán las herramientas necesarias para abordar la timidez en diferentes situaciones y áreas de tu vida. Recuerda que la paciencia y la práctica son clave para el éxito en la superación de la timidez, y que cada pequeño avance te acercará a una vida más segura y plena.

La timidez en los niños

Para el normal desarrollo y crecimiento de un niño, su confianza en el entorno es importante. Una sensación de seguridad y una actitud positiva hacia el mundo desarrollan una tendencia a experimentar, flexibilidad de pensamiento, una sensación de libertad personal y la capacidad de ser creativo.

Gracias a esto, el niño llega a ser capaz de resolver situaciones atípicas. La comprensión y el cuidado de los adultos, padres o educadores ayudan al niño a adaptarse a un nuevo entorno y a disfrutar de la comunicación con otros niños.

El desarrollo de un niño está bajo el control de un adulto. Lo que se forma en la infancia permanece en la persona durante toda su vida. Los padres ayudan a sus hijos a entrar en la vida moldeando su carácter. Un niño no se vuelve tímido simplemente, la mayoría de las veces la formación de los primeros complejos se produce por culpa de los padres.

La timidez no es una enfermedad mental y afecta a cada persona de manera diferente. Algunos sudan antes de hablar en público, otros se sonrojan en lugares concurridos y otros experimentan malestar estomacal. Todos estos son signos de timidez situacional. Si la timidez y el secretismo ya son rasgos de carácter, entonces estamos hablando de un complejo formado.

Niño tímido: recomendaciones para padres

Los padres de niños tímidos no deben confiarse en los aspectos positivos de esta cualidad. No todos los niños llegarán a ser científicos o escritores brillantes que deban llevar un estilo de vida apartado. Vale la pena darse cuenta de que la timidez siempre conduce a la soledad. Por lo tanto, los padres deben hacer todo lo posible para que el niño no se acostumbre a ser atormentado por una introspección y una autocrítica interminables desde la infancia.

Los métodos modernos de psicoterapia permiten resolver con éxito el problema de la vergüenza sin intervención externa. Existen programas de terapia tanto grupales como individuales, que incluyen un conjunto de ejercicios, entrenamientos y diversos juegos diseñados para la comunicación amistosa entre niños y adultos.

La timidez infantil no es una sentencia de muerte. En la mayoría de los casos, la timidez se corrige con éxito y se elimina por completo. Sin embargo, prevenir el problema es mucho más sencillo que combatirlo. La principal terapia para la timidez es el cuidado y el amor de los padres. Los padres deben ser amigos de sus hijos (sin dejar de ser padres), amarlos y respetarlos, construir relaciones de confianza y dedicar suficiente tiempo al criarlos.

Capítulo 5
Desarrollo de habilidades sociales

En este capítulo, nos enfocaremos en el desarrollo de habilidades sociales claves que te ayudarán a superar la timidez y a interactuar de manera más efectiva con los demás. Aprenderás cómo mejorar tu capacidad para conectar con las personas y sentirte más cómodo en situaciones sociales.

¿A qué conduce la timidez?

Las personas tímidas están cerradas a los demás. Y para establecer relaciones estrechas, la apertura es importante. Al mismo tiempo, estas personas también necesitan relaciones estrechas. El proceso de acercarse a otras personas es difícil, lleva mucho tiempo. Una persona tímida se acerca muy lentamente, tanteando el terreno con cuidado. Y si se ha producido tal acercamiento, entonces la persona "tímida" valora mucho este contacto. Ni siquiera porque el interlocutor en sí sea valioso para él, sino porque la pérdida de este interlocutor le llevará a buscar otro. Y para una persona tímida este es un proceso muy doloroso. Esto es precisamente lo que explica el hecho de que las personas tímidas a menudo tengan amigos, o, mejor dicho, un amigo, "estirado" casi desde la primera infancia. Y esto también explica la tendencia a "quedarse atrapado" con una pareja sexual. Después de todo, tiene miedo de no encontrar otro/a.

Timidez y sexo

Las relaciones sexuales son las más inciertas de todas.
No existen límites claros de comportamiento. Persona
tímida respecto al sexo:

* Extraño
* Nervioso
* No siempre mantiene la emoción, porque... a
  menudo piensa en la impresión que causa. Las
  mujeres pueden tener dificultades para alcanzar el
  orgasmo.
* Pasivo
* Miedo de pedirle algo a un compañero.
* Intenta no hablar de sexo.
* Es propenso a tener fantasías sexuales, pero no
  siempre habla de ello. Si una mujer percibe el deseo
  de su pareja, lo atará a ella.

Timidez y alcoholismo

Las personas tímidas son propensas al alcoholismo.

Causas:
* Aliviar la tensión acumulada
* Eliminar barreras, permitiendo que una persona se
  sienta menos cohibida.

A veces estas personas son propensas a la violencia.
Una persona así no muestra sus sentimientos. Se
acumulan gradualmente y después de algún tiempo se
derraman en forma de agresión, violencia y tendencias
sádicas desmotivadas o inadecuadas. Para otros, tal
comportamiento parece desmotivado, aunque siempre

tiene una razón profunda que conviene buscar en el alma de una persona tímida.

La timidez a menudo conduce al desarrollo de enfermedades psicosomáticas.

Indecisión, conflicto de motivos y capacidad de toma de decisiones.

A los tímidos les cuesta tomar una decisión. Pasan mucho tiempo eligiendo productos en la tienda y la pregunta de la azafata "carne o pescado" les hace pensar unos minutos. Ni siquiera vale la pena hablar de tomar decisiones más serias que podrían afectar su vida futura: cambiar de trabajo, lugar de residencia, etc. Incluso si el futuro promete buenas perspectivas, es muy difícil para estas personas decidir cambiar su estilo de vida. No es difícil adivinar de qué cualidad de carácter estamos hablando; estamos hablando de indecisión.

Acto clásico de voluntad

Para tomar cualquier decisión y lograr un objetivo determinado, es necesario realizar un acto de voluntad. Consta de varias etapas:

* El surgimiento de una necesidad;
* Lucha de motivos;
* Toma de decisiones;
* Planificación;
* Implementación del plan;
* Comentario;

- Ajuste del plan;
- Implementación del plan ajustado.

En cada una de estas etapas ocurren ciertas acciones que influyen en la toma de decisiones. Entonces, la necesidad puede ser tanto consciente como inconsciente. En el primer caso, una persona tiene un deseo que admite y busca satisfacer. Los deseos inconscientes son lo que una persona quiere, pero no se atreve a admitirlo.

Por ejemplo, mi amigo y yo caminábamos y en la parada de autobús vio a una chica que le gustaba. Tenía una necesidad consciente de conocerla, pero no lo hizo. ¿Por qué? Lo obstaculizaban necesidades inconscientes, es decir, el miedo a que ella lo rechazara, lo que dicta el deseo de proteger su autoestima. Pero pudo justificarse de forma muy sencilla: "llegó su autobús". Además, mi amigo dijo que espera volver a encontrarse con esta chica, y luego... Pero, naturalmente, la próxima vez encontrará una razón igualmente convincente para no cumplir sus planes y satisfacer la necesidad consciente que ha surgido de conocerse.

La lucha de motivos

La siguiente etapa representa una lucha de motivos que impulsan la implementación de los planes. Lo que ganará exactamente, el deseo de lograr su objetivo o quedarse con lo que ya tiene, depende de varios factores:

• La fuerza y la importancia de los motivos en una determinada situación;

• ¿Es posible ver el resultado lo más rápido posible?

• Cuánto afectará la decisión que se tomará a otros aspectos de la vida.

Las personas que se caracterizan por la indecisión se quedan estancadas en esta etapa por diversos motivos. Uno de los principales es la imposibilidad de ver el resultado final. He conocido a personas que no estaban contentas con sus perspectivas laborales y querían mudarse a otra empresa. Lo más interesante es que tuvieron esa oportunidad e incluso fueron invitados a puestos más altos. Pero dejaron todo como antes y continuaron insatisfechos consigo mismos y con la falta de crecimiento profesional. ¿Por qué perdieron su oportunidad? Porque no estaban seguros de un resultado positivo. Si alguien pudiera predecir el futuro y les dijera que definitivamente tendrían éxito en un lugar nuevo, entonces sus dudas desaparecerían. Pero, lamentablemente, no se arriesgaron, sino que prefirieron "pájaro en mano".

Quienes se centran en el fracaso también se niegan a realizar cambios en la vida. Hay una categoría de personas que piensan principalmente en lo negativo. Ignoran la oportunidad porque quieren evitar riesgos. Como resultado, permanecen con sus esperanzas incumplidas de un trabajo prometedor, un futuro mejor, etc. porque tienen miedo al fracaso.

Toma de decisiones

La indecisión, como otros rasgos del carácter, a menudo proviene de la infancia. Muchos padres se esfuerzan por tener un control total sobre sus hijos, tomando decisiones por ellos. Suelen estar motivados por buenas intenciones. Después de todo, los adultos creen que tienen mucha experiencia y de esta manera se la transmiten a sus hijos y también los salvan de muchos problemas.

De hecho, ésta es una posición fundamentalmente errónea. Al fin y al cabo, cualquier experiencia es importante para moldear la personalidad de un niño, y más aún para desarrollar la capacidad de tomar decisiones, incluidas las negativas. Si se equivoca, el niño elegirá un juguete que se romperá en media hora, pero esta será su experiencia y la próxima vez será más cuidadoso.

Si no se forma la habilidad para tomar decisiones, ya en la edad adulta una persona utilizará dos escenarios para el desarrollo de eventos:

• Esforzarse por encontrar una solución ya preparada.
• Intentar trasladar la decisión a otros.

Al principio escuchará los consejos de sus padres, luego serán los de su esposa, amigos y otras personas de su entorno. Pero dado que cada uno tiene su propia experiencia, ¿será correcto seguir lo que dijeron y conducirá a un resultado positivo?

¿A qué conduce la indecisión?

• Asesoramiento constante con los demás;

• Buscar una explicación racional a la propia posición, y muchas veces estas razones no son muy significativas en comparación con las perspectivas que podrían abrirse;

• Retrasar una decisión hasta el momento en que ya no sea posible evitarla;

• Consultas constantes con otras personas que no siempre tienen buena experiencia en la resolución de este tipo de problemas.

• El deseo de tomar siempre sólo las decisiones "correctas" lleva al hecho de que una persona está constantemente bajo estrés emocional e inmediatamente apunta a un resultado negativo, por lo que se pierden muchas oportunidades y sobre todo, tiempo. Como resultado, la vida continúa, llena de decepciones y esperanzas incumplidas.

Uno de mis amigos quería cambiar su trabajo que no le gustaba por una actividad que le gustaba. El salario ofrecido en el nuevo lugar era menor. Pero tenía perspectivas de crecimiento si en seis meses demostraba su valía positiva. Mi amigo sopesó todos los pros y los contras y parecía que iba a aceptar la oferta, pero su entorno (familiares y parientes) se opuso. Los factores externos y las contradicciones internas llevaron al hecho de que no pudo desprenderse de su "ancla". Como resultado, en cada reunión se queja y lamenta no haber tomado una decisión positiva en ese momento, pero ya perdió su oportunidad.

La decisión que debas tomar depende de ti, pero siempre debes recordar que puede que no haya una segunda oportunidad. ¡No debes pensar en lo malo, porque a menudo se nos presentan pruebas para cambiar cualitativamente nuestras vidas y ser aún mejores!

Sentimiento de vergüenza

El tercer sentimiento de la tríada principal es la vergüenza. Permítanme recordarles que, además de la vergüenza, esta tríada incluye resentimiento y culpa.

Los tres sentimientos están relacionados con las expectativas. Además, la mayoría de las expectativas están sólo en la cabeza de una persona, es decir, desde pequeño, se arrastra todos los sentimientos y restricciones hasta la edad adulta.

Y cuanto más una persona no se acepta a sí misma, más a menudo siente vergüenza. El sentimiento de vergüenza surge cuando una persona no se comporta como los demás esperan de ella.

¿Cómo aparece la vergüenza?

•	Los padres no aceptan al niño tal como es, no le dan amor incondicional;
•	El niño se avergüenza por no cumplir con las expectativas de los padres;
•	El niño intenta ser como lo ven sus padres;

•   El niño intenta comportarse de acuerdo con las expectativas de los padres.

Características de la vergüenza

Un rasgo característico del sentimiento de vergüenza es que está estrechamente asociado con las expectativas del "yo". Es importante señalar el hecho de que una caída en la autoestima a menudo se asocia precisamente con este sentimiento, este mismo sentimiento de "que algo anda mal en mí".

La vergüenza está estrechamente relacionada con la timidez. Por ejemplo, cuanto más a menudo una persona experimenta vergüenza, más probabilidades hay de que desarrolle timidez.

¿Por qué debemos vencer a la timidez?

La timidez es la torpeza en presencia de otras personas. Actuar con timidez significa tener dificultades para acercarse a los demás debido a la timidez, la desconfianza y la precaución.

Una persona tímida es cautelosa, poco propensa a reuniones y contactos, impresionable, no defiende sus derechos, propensa a la soledad, reservada por falta de confianza en sí misma o por miedo al acoso de su oponente.

La timidez puede tener un fuerte impacto negativo en la psique, con consecuencias devastadoras. La timidez limita la posibilidad de una evaluación positiva de uno mismo por parte de otras personas.

La timidez desarrolla aislamiento y preocupación excesiva por las propias reacciones. Interfiere con la comunicación efectiva y el pensamiento claro. La timidez también se asocia con sentimientos de soledad, ansiedad y depresión.

El comportamiento tímido se refiere a tener miedo de las personas, especialmente de aquellas que afectan negativamente las emociones. Por lo general, se trata de tres grupos de personas: **extraños**, cuyo comportamiento es desconocido y, por lo tanto, aterrador, **miembros del sexo opuesto**, que traen a la mente pensamientos sobre un posible acercamiento, y **jefes**, porque tienen poder.

La importancia de las habilidades sociales

Antes de sumergirnos en las habilidades específicas, es fundamental comprender por qué son tan cruciales en la superación de la timidez:

Mejora de la confianza: Desarrollar habilidades sociales te brinda la confianza para enfrentar situaciones sociales con calma y seguridad.

Fortalecimiento de relaciones: Las habilidades sociales efectivas facilitan la formación y el mantenimiento de relaciones interpersonales saludables.

Reducción de la ansiedad social: Cuanto más hábil seas en las interacciones sociales, menos ansiedad experimentarás en estas situaciones.

Escucha Activa

Una de las habilidades sociales más valiosas es la escucha activa. Aprender a escuchar de manera efectiva te permitirá establecer conexiones más sólidas con los demás:

Contacto visual y atención plena: Mantén contacto visual con la persona que está hablando y muestra que estás totalmente presente en la conversación.

Haz preguntas abiertas: Fomenta la comunicación profunda haciendo preguntas que requieran respuestas más detalladas.

Refleja y valida emociones: Demuestra empatía al reflejar las emociones del interlocutor y validando sus sentimientos.

Comunicación Asertiva

La comunicación asertiva te permite expresar tus pensamientos y sentimientos de manera respetuosa y firme:

Expresar tus necesidades: Aprende a comunicar de manera efectiva lo que necesitas o deseas sin ser agresivo ni pasivo.

Usar "yo" en lugar de "tú": Evita culpar o acusar y enfócate en cómo te sientes o lo que necesitas.

Establecer límites: Aprende a decir "no" cuando sea necesario y a defender tus límites de manera respetuosa.

Desarrollo de Empatía

La empatía es esencial para comprender las perspectivas y sentimientos de los demás:

Practicar la empatía: Intenta ponerte en el lugar de la otra persona y comprender su punto de vista.

Escuchar sin juzgar: Evita emitir juicios y permite que los demás expresen sus pensamientos o sentimientos sin temor.

Ofrecer apoyo emocional: Brinda consuelo y apoyo a las personas cuando están pasando por momentos difíciles.

Gestión de conflictos

Aprender a manejar los conflictos de manera constructiva es crucial en las interacciones sociales:

Identificar y abordar problemas: Reconoce los problemas en una relación y aborda las preocupaciones de manera abierta y constructiva.

Buscar soluciones juntos: En lugar de luchar por ganar una discusión, trabaja en conjunto para encontrar soluciones mutuamente beneficiosas.

Mantener la calma: Practica la autorregulación emocional para evitar que los conflictos se intensifiquen.

Práctica y Aplicación

El desarrollo de habilidades sociales requiere práctica constante:

Situaciones sociales simuladas: Practica habilidades sociales en situaciones simuladas o con amigos de confianza.

Aprender de las propias experiencias: Reflexiona sobre tus interacciones sociales y busca oportunidades de mejora.

Sal de tu zona de confort: Acepta desafíos sociales que te exijan aplicar tus habilidades recién adquiridas. Sigue los pasos descritos anteriormente e intenta hacer algo que no te hayas atrevido antes. Hablar con un extraño, entablar una conversación, llamar la atención, etc. Comienza con las cosas más pequeñas; luego no quedará ningún rastro de timidez, porque es salir de la zona de confort lo que a menudo hace que una persona tenga más confianza y coraje en toda la comprensión de estas palabras.

El desarrollo de habilidades sociales es un componente clave para superar la timidez. Estas habilidades te permitirán conectarte mejor con las personas, sentirte más seguro en situaciones sociales y construir relaciones más sólidas. Con práctica y determinación, podrás mejorar tus habilidades sociales y disfrutar de una vida social más satisfactoria.

Situaciones sociales simuladas

Una excelente manera de comenzar a practicar tus habilidades sociales es a través de situaciones sociales simuladas:

Puedes realizar ejercicios de role-playing con amigos de confianza o terapeutas para simular situaciones sociales específicas. Por ejemplo, practicar cómo iniciar una conversación en una fiesta o cómo pedir ayuda en una tienda.

Grupos de apoyo: Unirte a grupos de apoyo o talleres que se centren en el desarrollo de habilidades sociales te brindará un ambiente seguro para practicar y recibir retroalimentación constructiva.

Aplicaciones y recursos en línea: Existen aplicaciones y recursos en línea que ofrecen la oportunidad de participar en interacciones sociales virtuales para practicar tus habilidades.

Aprender de tus experiencias

La reflexión es una parte clave del proceso de mejora de habilidades sociales:

Después de las interacciones sociales, tómate un tiempo para reflexionar sobre lo que salió bien y lo que podría haberse mejorado.

Identifica patrones: Observa si hay patrones recurrentes en tus interacciones sociales que puedas abordar. ¿Te sientes más cómodo en ciertas situaciones que en otras? ¿Qué emociones experimentaste durante estas interacciones?

Aprende de los errores: No temas cometer errores; son oportunidades para aprender y crecer. En lugar de castigarte por los errores, busca cómo puedes mejorar en el futuro.

Salir de tu Zona de Confort

Superar la timidez implica desafiarte a ti mismo y salir de tu zona de confort:

Establece metas de exposición: Define metas claras y realistas que te obliguen a enfrentar situaciones sociales que normalmente evitarías.

Gradúa la dificultad: Comienza con desafíos más pequeños y avanza gradualmente hacia situaciones más desafiantes. Esto te permitirá desarrollar confianza a medida que avanzas.

Apóyate en tus éxitos pasados: Recuerda los momentos en los que superaste la timidez y utilízalos como recordatorios de tu capacidad para crecer.

Busca Feedback constructivo

La retroalimentación de otras personas puede ser inmensamente valiosa para tu desarrollo:

Pide retroalimentación a amigos de confianza: Pide a amigos cercanos que te den su opinión honesta sobre tus habilidades sociales y cómo puedes mejorar.

Busca la ayuda de un profesional: Un terapeuta o consejero puede brindarte orientación y retroalimentación experta en tu proceso de superación de la timidez.

Participa en grupos de apoyo: Los grupos de apoyo ofrecen un entorno de apoyo y retroalimentación de personas que pueden haber experimentado desafíos similares.

Recuerda que superar la timidez es un proceso continuo. La práctica constante y la aplicación de las habilidades sociales son esenciales para construir confianza y comodidad en situaciones sociales. Con el tiempo, notarás mejoras significativas en tus interacciones sociales y en tu capacidad para superar la timidez. ¡Celebra tus éxitos a lo largo de este viaje y mantén una actitud positiva hacia tu crecimiento personal!

Capítulo 6
Manteniendo el progreso
y la confianza

En este capítulo, nos enfocaremos en cómo mantener el progreso que has logrado al superar la timidez y cómo fortalecer tu confianza a largo plazo. La superación de la timidez es un proceso continuo, y estas estrategias te ayudarán a mantener tus avances y vivir una vida social más satisfactoria.

La Práctica permanente

Cuando empieces a trabajar para eliminar las causas, debes aumentar la confianza en ti mismo, formar una autoestima normal, dejar de valorar tu comportamiento como inapropiado, y desarrollar habilidades comunicativas. Lo más difícil aquí es la práctica, pero para lograr el éxito hay que ser constante.

Como ya lo hemos citado, la práctica constante es esencial para mantener tus habilidades sociales y superar la timidez:

No te detengas: Después de haber superado con éxito situaciones sociales desafiantes, sigue adelante y busca nuevos desafíos. La exposición continua a situaciones sociales te ayudará a mantener la confianza.

Repite el proceso de aprendizaje: Recuerda que aprender de tus experiencias es fundamental. Continúa reflexionando sobre tus interacciones sociales y busca oportunidades de mejora.

Recuerda que está bien cometer errores: No te castigues por los errores ocasionales. En lugar de eso, úsalos como oportunidades para aprender y crecer.

Establecer metas realistas

Establecer metas realistas te ayudará a mantener tu progreso y evitar la desilusión:

Metas a corto y largo plazo: Establece metas tanto a corto plazo (metas que puedas lograr en el próximo mes o trimestre) como a largo plazo (metas que te llevarán más tiempo alcanzar).

Celebra tus logros: Reconoce y celebra tus éxitos, incluso los pequeños. Esto te motivará a seguir avanzando.

Ajusta tus metas según tu evolución: Si encuentras que una meta es demasiado desafiante o demasiado fácil, ajústala según tu progreso actual.

Mantén una actitud positiva

Tu actitud hacia ti mismo y hacia el proceso de superación de la timidez es fundamental:

Practica la autoaceptación: Recuerda que está bien ser tímido en ciertas situaciones. La timidez es parte de quién eres, y eso está bien.

Cuida tu autoestima: Mantén una autoimagen positiva y evita la autocrítica excesiva.

Fomenta la resiliencia: Aprende a manejar los desafíos y contratiempos con una mentalidad de resiliencia. No te desanimes por las dificultades temporales.

Redes de Apoyo

Las relaciones de apoyo pueden desempeñar un papel fundamental en el mantenimiento de tu progreso:

Mantén conexiones sociales: Cultiva amistades y relaciones que te brinden apoyo emocional y oportunidades para practicar tus habilidades sociales.

Grupos de apoyo: Continúa participando en grupos de apoyo o talleres que te ayuden a mantener tus habilidades y a recibir apoyo de personas que comparten tus objetivos.

Cuidado personal

El autocuidado es esencial para mantener la confianza y el bienestar a largo plazo:

Descansa y duerme adecuadamente: El cansancio puede aumentar la ansiedad social, así que asegúrate de descansar lo suficiente.

Ejercicio y alimentación saludable: Mantén un estilo de vida activo y una alimentación equilibrada para cuidar de tu salud física y mental.

Meditación y mindfulness: La práctica regular de la meditación y el mindfulness puede ayudarte a mantener la calma y la claridad mental.

En resumen, la superación de la timidez es un proceso continuo que implica mantener el progreso y la confianza a lo largo del tiempo. La práctica constante, el establecimiento de metas realistas, una actitud positiva, el apoyo social y el autocuidado son elementos clave para mantener tus avances y disfrutar de una vida social más satisfactoria y confiada. Con paciencia y perseverancia, puedes lograr un cambio duradero en la forma en que enfrentas el mundo y las relaciones sociales.

Cada capítulo que hemos pasado se enfocó en proporcionar información útil, ejercicios prácticos y ejemplos de la vida real para ayudarte a comprender y superar la timidez de manera efectiva.

Capítulo 7
Fortaleciendo la personalidad

1. Cómo afrontar el miedo al rechazo

El miedo al rechazo es un miedo irracional que ha convencido a una persona de que la gente no la aceptará ni aprobará debido a sus opiniones, puntos de vista, personalidad, valores, creencias o comportamiento, lo que en muchas oportunidades lo motive a retraerse o a ser tímido.

No importa lo que sea, una cosa está clara: es un miedo muy debilitante que afecta significativamente sus elecciones, decisiones y acciones diarias. De hecho, mientras estás bajo su influencia, haces cosas que no harías si no estuviera allí. La buena noticia es que se puede aprender a afrontar el miedo y otras reacciones emocionales fuertes.

Basta pensar en cómo el miedo al rechazo afecta la vida de una persona. Puede que tenga metas y sueños, pero los abandona o no los inicia, sólo por la razón que no los pone a prueba. Se anulan las potenciales perspectivas profesionales, relaciones con sus seres queridos, así como cualquier interacción social. Es como una barrera que simplemente no se quiere cruzar. Sin embargo, el hecho es que en realidad no existe ninguna barrera.

Aquí hay algunas razones más por las que deberías deshacerte del miedo al rechazo antes de que él arruine tu vida:

•	Te disuade de compartir tus propias opiniones;
•	Conduce a una copia excesiva del comportamiento de otras personas;
•	Te hace susceptible a los cambios emocionales de las personas;
•	Paraliza la psique, obligándote a buscar razones de tu pasividad, y otras inverosímiles;
•	Eres fácilmente manipulable;
•	Te conviertes en víctima de la culpa.

¿Cómo afrontar el miedo al rechazo?

Ser rechazado definitivamente no es un sentimiento agradable, pero con el tiempo podrás mejorar tus estrategias para comunicarte con las personas. Aquí hay algunas sugerencias:

•	**Aceptar el rechazo**
Tu primera reacción puede ser negar el rechazo, sentir lástima de ti mismo o resentirte con la otra persona. En lugar de ello, acepta con gracia el rechazo.

No importa si la negativa está justificada. Simplemente acéptalo como parte de la vida y como parte de tu experiencia. Sólo así podrás aprender, crecer y mejorar tus habilidades con el tiempo.

•	**Mantén tu cabeza fría**
Este consejo es continuación del anterior. Es importante que mantengas la calma y no reacciones de forma negativa, irracional o dañina. Una respuesta negativa aquí sólo perjudicará tus posibilidades de obtener los resultados que deseas.

- **Intentar otra vez**

Cuantas más negativas se recogen, más fácil es afrontarlas psicológicamente. Cualquier vendedor lo sabe. Acostúmbrate al rechazo, conviértelo en un juego. ¿Y qué si te rechazaran de nuevo? Ajusta tu estrategia y sigue jugando.

- **No te tomes el rechazo como algo personal**

Cuando se trata de rechazo, es importante que nunca lo tomes como algo personal. Esto significa no ceder a la mentalidad de víctima. Considera el rechazo como algo que es parte del mundo, no algo personal para ti. Piensa desde el punto de vista del observador.

- **Entiende ciertas verdades sociales**: Los otros tienen tanto derecho a realizar elecciones, como las tienes tú; o sea, así como el otro rechaza, tú también lo haces. En la vida te encuentras con tres tipos de interlocutores, los **para destinatarios** que te aceptan como si fueran tus fans, **los contradestinatarios**, que te desprecian de cualquier forma; y los **destinatarios neutros**, a los que debes convencer/seducir para que estén de tu lado. Esto significa que siempre tendrás gente a favor y en contra, y debes estar preparado para cada caso. A su vez, no pretendas que todo el mundo te quiera, ya que, incluso, hay personas que no se quieren así mismas, menos tendrán un sentimiento positivo por ti.

Si dudas de cómo el otro te percibe, aléjate un poco y pregúntate:

¿Cómo percibiría un extraño esta situación desde fuera?

¿Qué diría?

¿Qué consejo me daría?

¿Qué consejo le daría a la persona que me rechazó?

Cuando miras una situación desde una perspectiva objetiva y en tercera persona, te liberas del estrés y de la implicación emocional, lo cual es muy valioso en nuestro caso.

Dos pasos para superar el miedo al rechazo

El miedo al rechazo es comparable a todos los demás miedos. Es igualmente destructivo y debilitante psicológicamente y afecta muchos aspectos de la vida.

Por supuesto, superar cualquier miedo requiere paciencia, trabajo duro y dedicación de tu parte. El viaje no será fácil porque los patrones habituales de comportamiento requieren un trabajo constante en uno mismo para cambiarlos. Pero al final ganarás.

Con eso en mente, analicemos el problema en un proceso rápido de dos pasos que puedes utilizar para superar tu miedo al rechazo.

1)   Determina lo que necesitas. Para superar tu miedo al rechazo, primero debes determinar qué quieres y por qué.

Deben existir razones legítimas para superar el miedo al rechazo. Sin ellos, tendrás muy poca motivación para realizar cambios. Pregúntate:

¿Qué quiero?

¿Por qué es esto importante para mí?

¿Qué beneficios recibiré?

¿Qué me perderé si no actúo sobre mi miedo al rechazo?

La última pregunta de esta lista genera dolor al definir las consecuencias de la inacción. Es muy importante que respondas con sinceridad. Te ayudará a conseguir la motivación y la confianza en ti mismo que necesitas.

2) Obtén la perspectiva y claridad adecuadas. Para superar cualquier miedo, primero debes obtener la perspectiva correcta y la claridad con respecto a ese miedo. Para hacer esto, comienza por identificar exactamente a qué le tienes miedo. Pregúntate:

¿A qué tipo de rechazo tengo miedo?

¿De quién temo el rechazo? ¿Por qué?

Las negativas pueden ser distintas y de diferentes personas. Por lo tanto, es importante comprender a qué le tienes miedo exactamente.

Ahora tienes una idea general a qué te enfrentas. Sin embargo, aún necesitas más información sobre qué sucede exactamente cuando experimentas miedo al rechazo.

Identifica los comportamientos inútiles que tiendes a realizar cuando experimentas miedo al rechazo. Pregúntate:

¿Cómo me comporto cuando tengo miedo al rechazo?

¿Qué tan inútil es esto?

¿Cómo me duele esto?

Esto te dará suficiente información sobre tu miedo. El siguiente paso es identificar estilos de comportamiento más útiles que puedan utilizarse para ayudarle a afrontar este miedo de forma óptima. Pregúntate:

¿De qué otra manera puedo abordar esta situación?
¿De qué otra manera puedo pensar en esta situación?
¿De qué otra manera podría ser útil esto?

Finalmente, piensa en los posibles obstáculos que puedan interponerse en tu camino. Pregúntate:

¿Qué obstáculos potenciales se interponen en mi camino?
¿Son estos obstáculos reales o imaginarios?
¿Cómo puedo superar estos obstáculos?

Por supuesto, los obstáculos a los que te enfrentas pueden ser reales o imaginarios. De hecho, cuando se trata de miedo al rechazo, muchos de los obstáculos que enfrentas están principalmente en tu cabeza.

Y como están en tu cabeza, seguramente podrás superarlos siempre que seas honesto contigo mismo y te comprometas a cambiar.

Superar el miedo al rechazo no es un proceso único, sino un proceso continuo. Probablemente te asustes un poco de cualquier manera, pero es importante no quedarte paralizado. Es normal preocuparse, pero no es necesario volverse fóbico.

Todo esto, por supuesto, requiere un compromiso inquebrantable con la superación personal continua: el deseo de fortalecer la confianza en uno mismo y la autoestima.

Recuerda que cuanto más seguro te sientas, mejor te tratarán las personas. Esta es la ley. La gente se siente nerviosa y dolorosamente tímida y reacciona en consecuencia.

Además, no olvides mantener la cabeza fría y hacerte la pregunta una y otra vez: "¿Por qué esta persona me rechazó? ¿Qué puedo cambiar? Después de eso, simplemente busca respuestas y cambia tu estrategia.

2. Desarrollo de habilidades comunicativas

El desarrollo de habilidades comunicativas es requerido por cada persona en el planeta, solo si no vive como un ermitaño en una cueva. Aunque hoy en día muchas personas se consideran completamente independientes, cada uno tiene que interactuar con otras personas de una forma u otra, lo que para un tímido es crucial y desesperante.

¿Cómo se transmite el mensaje?

Esta es una pregunta importante para cualquiera que tenga problemas en una de estas situaciones:

- Estás confundido con la situación.
- Malinterpretas las palabras de otras personas.

¿Qué hacer en estos casos? Debes comenzar analizando el proceso de transmisión y percepción de información: así podrás comprender en qué etapa surge el problema. El mensaje se compone de:

• Una razón o motivación para decir algo.
• Composición del mensaje (desarrollo interno y técnico de lo que se quiere expresar).
• Codificación de mensajes (habla, gestos).
• Transmisión de un mensaje codificado en forma de secuencia de señales.
• Las fuentes de ruido, como los sonidos naturales, pueden afectar la calidad de la señal y la forma en que la otra parte recibe su mensaje.
• Recepción de la señal por parte del destinatario (su interlocutor).
• El interlocutor descifra tu mensaje.
• Interpretación de su mensaje.

Si hay una falla en cualquier etapa, tu mensaje será malinterpretado. Lo mismo ocurre cuando eres el destinatario. Y todavía no hemos tenido en cuenta las señales no verbales, que pueden ser: toques, gestos, lenguaje corporal, expresiones faciales, contacto visual, ropa. El habla (además de las palabras) también contiene elementos no verbales como ritmo, entonación, tempo y más.

La razón más importante por la que no nos entienden o no entendemos es la presencia de barreras en la comunicación.

Cinco barreras principales

De hecho, la cantidad de barreras de comunicación es realmente enorme, pero quizás valga la pena comenzar con las cinco principales. Si los superas, mejorarás notablemente tus habilidades comunicativas.

1. Juzgar a otra persona

Si juzgas a tu interlocutor, entonces, en primer lugar, dejas de comprender por completo la esencia de lo que está hablando (simplemente no queda tiempo ni atención para esto) y, en segundo lugar, comienzas a colocar etiquetas.

2. No mostrar interés por lo que dice su interlocutor

El interés y la curiosidad son en gran medida procesos conscientes. Dale Carnegie, cuando escribió sobre la necesidad de mostrar un interés sincero por otras personas, tenía exactamente esto en mente: no fingir, sino ser consciente al comunicarse con otras personas, para salir del modo de piloto automático.

3. Utilice lenguaje técnico o poco claro.

No sólo parece esnob y molesto, sino que también arruina por completo la comprensión y el diálogo mutuos. Aprende a expresar tus pensamientos en palabras sencillas. Sin embargo, si ves que el interlocutor lee íntegramente tus mensajes, podrás elevar el nivel profesional de tu discurso.

4. Dar consejos no solicitados

Son malos porque las barreras de comunicación ya aparecen en tu interlocutor. El otro deja de pensar en tu mensaje y experimenta irritación, expresada por el pensamiento "¿Por qué no se ocupa de sus propios asuntos?"

No importa lo buenos que hayan sido tus consejos. Aprende a darlos en el momento adecuado y en las situaciones adecuadas.

5.   No muestras empatía

Todo el mundo tiene problemas y preocupaciones, ya sea un vagabundo o el Rey de Gran Bretaña. Debes mostrar interés en ellos. Recuerde que, para una persona, incluso sus pequeños problemas son mucho más importantes que todas las inundaciones, guerras e incendios combinados.

Una vez que comprendas lo que no debes hacer, analicemos lo que debes hacer. O, mejor dicho, qué habilidades comunicativas vale la pena desarrollar.

Cinco habilidades de comunicación esenciales

No te convertirás en un maestro comunicador de la noche a la mañana. Y dentro de un mes tampoco. Pero paso a paso, dominando las habilidades individuales, puedes aumentar significativamente tu nivel.

1.   Escucha activa

Para aprender a escuchar activamente, es necesario cumplir al menos con una regla: escuchar el doble de lo que hablas.

Segunda regla: aprende a "escuchar" con todo el cuerpo. Es decir, utilizar expresiones faciales, gestos y ojos. Tercera regla: aclarar lo que el interlocutor quería decir.

2.   Comunicación no verbal

¿Quiénes son las personas armoniosas e integrales? Son aquellas cuya habla no entra en conflicto con el cuerpo y las señales no verbales. Dicen exactamente lo que sienten, por lo que el cuerpo reacciona correctamente a las palabras.

Al principio será difícil, porque tendrás que prestar más atención al lenguaje corporal que al contenido de la información. Pero si resuelves el problema gradualmente, primero con las manos, luego con los pies, el contacto visual, las expresiones faciales, después de un tiempo te convertirás en una persona armoniosa que domina bien las habilidades de comunicación.

3.   Haciendo preguntas

En primer lugar, debes prestar atención a la calidad de las preguntas que haces. Si están cerrados, entonces debes cambiar completamente el enfoque y comenzar a configurar los abiertos:

¿Cómo?
¿Cuándo?
¿Dónde?
¿Por qué?/ ¿Para qué?
¿Cuántos?
¿Con qué frecuencia?

Hacer preguntas puede parecer difícil al principio. Pero una vez que empieces a mostrar una curiosidad genuina por las personas, esta habilidad se desarrollará por sí sola.

4.   Aclaración

Esto es importante cuando escuchas a tu interlocutor. Trata de aclarar siempre qué deseaba decir exactamente. Este enfoque mata dos pájaros de un tiro:

- Te permite comprender plenamente los objetivos y motivos del interlocutor.
- Demuestra que realmente estás escuchando.

5.   Consciencia

La atención plena es la base de cualquier habilidad porque requiere romper con un hábito y observarse constantemente.

Por ejemplo, con la ayuda del mindfulness dejarás de criticar y condenar a tu interlocutor, te interesará comprender sus palabras, pensamientos, sentimientos y aprenderás a utilizar diferentes enfoques en lugar de limitarte a llevar una conversación lo mejor que puedas.

Juegos para desarrollar habilidades comunicativas

Existen muchos ejercicios y juegos que desarrollan las habilidades comunicativas. Éstos son algunos de ellos.

1)   Origami de comunicación

Este es un ejercicio rápido y sencillo que muestra cómo diferentes personas interpretan las mismas instrucciones y enfatiza la importancia de una comunicación clara. El juego es más bien un juego de demostración, con su propia moraleja.

Se necesitan tres personas para completar el ejercicio.

• Entregue a todos una hoja de papel A4.
• Dígale al grupo que comenzará a dar instrucciones sobre cómo doblar el papel para crear una forma de origami.
• Dígale al grupo que mientras les da instrucciones, deben mantener los ojos cerrados y no pueden hacer preguntas.
• Comience a darle al grupo instrucciones para doblar y rasgar el papel varias veces, luego pídales que lo desplieguen y comparen las vistas.
• Haga hincapié en que cada hoja de papel se ve diferente, aunque les haya dado a todos exactamente las mismas instrucciones. Pregúntele a su grupo si los resultados serían mucho mejores si a veces abrieran los ojos o hicieran preguntas.

Abre los ojos = escucha y comprende.

Hacer preguntas = aclarar.

La comunicación efectiva no es fácil, porque todos interpretamos la información de la manera que sabemos y queremos. Por eso, es muy importante hacer preguntas y escuchar a su interlocutor.

2)   Adivina la emoción

Este juego de ejercicios también se juega en grupo, pero es más divertido y emocionante que el anterior.

El objetivo del juego es que los participantes aprendan a "leer" mejor los sentimientos y emociones de los demás. La empresa se divide en equipos y cada jugador se turna para mostrar emociones como asco, cariño, miedo, ansiedad, vergüenza, enfado, determinación, y todo el grupo intentará adivinar cuál es esa emoción. Sin embargo, en esta etapa usted puede cambiar las reglas, dependiendo de cómo le resulte más interesante.

Instrucciones:

- Dividir en dos equipos.
- Coloque una baraja de emociones sobre la mesa con el nombre de la emoción escrito en cada tarjeta.
- Pídale a un miembro del grupo A que tome la carta superior (o varias cartas) de la mesa y realice una pantomima para su grupo. Esto debe hacerse dentro de un cierto período de tiempo (por ejemplo, uno o dos minutos).
- Si se adivina la emoción, el grupo A obtiene 10 puntos.
- Ahora el grupo B debe hacer lo mismo.
- Después de algunas vueltas, resumir.

3)   Escena

Juego para dos. Las reglas son muy simples. Puedes decir que los inventaste tú mismo.

Primero, piense en el tema en torno al cual comenzará el diálogo. Podría ser:

• Atención al cliente (cliente difícil).

• Un cliente enojado se acerca a un asesor de ventas.

• Dos personas discutiendo sobre si Marte debería ser colonizado.

• Antes de comenzar la obra, debes exponer claramente el conflicto. El final puede ser aleatorio.

4) lenguaje del cuerpo

A veces el lenguaje corporal dice más que cualquier palabra que puedas decir. Tanto consciente como inconscientemente, el cuerpo muestra al interlocutor lo que realmente te está pasando.

• Explica al grupo que les vas a dar una serie de instrucciones que deberán copiar lo más rápido posible.

• Diga las siguientes instrucciones en voz alta al grupo y sígalas al mismo tiempo:

• Toca tu nariz con tu dedo.

• Aplaude.

• Extiende tus brazos.

• Toca tus hombros con tus dedos índices.

• Cruza los brazos.

• Coloque su mano sobre su estómago, pero mientras dice estas palabras, toque con su dedo la punta de su nariz.

• Observe la cantidad de personas que copiaron lo que usted hizo en lugar de lo que dijo.

El lenguaje corporal puede fortalecer la comunicación verbal, pero también puede ser más fuerte que la comunicación verbal; es importante ser consciente de ello para que podamos entender claramente que estamos proyectando el mensaje correcto.

3. Sociabilidad

En psicología, la sociabilidad (habilidades de comunicación) es la capacidad de establecer contactos, la capacidad de tener una comunicación mutuamente enriquecedora y constructiva con otras personas. Es una de las habilidades más importantes que te permite establecer con éxito conexiones sociales, que afectan tanto las relaciones profesionales como personales.

¿Cómo desarrollar la sociabilidad?

Tanto si las habilidades de comunicación son importantes en la profesión que has elegido como si simplemente quieres ser más sociable, no hay nada mejor que la práctica para desarrollar esta habilidad.

Dividamos aproximadamente la sociabilidad en tres niveles: baja, media y superior a la media. En cada nivel, la habilidad se puede desarrollar con la práctica.

* **Nivel bajo**
En este nivel hay quienes son tan tímidos que se comunican sólo con familiares y amigos más cercanos y tienen mucho miedo de acercarse a otras personas.

Es difícil dar aquí algún consejo definitivo. Si los motivos no son experiencias traumáticas o baja autoestima, las llamadas telefónicas pueden ser una opción para romper la barrera existente. Llame a empresas, vendedores de sitios de anuncios clasificados, etc. El objetivo es ganar confianza y experiencia, que luego se pueden aplicar en la comunicación personal con altas posibilidades de éxito.

- **Nivel promedio**

En este nivel, eres moderadamente sociable, pero experimentas un poco de timidez al interactuar con personas desconocidas y desconocidas.

Date las siguientes tareas:

- En un lugar público, sonríe a las tres primeras personas que te miren.
- Pregúntale a tres personas cómo llegar a algún lugar. No te limites a esto: intenta mantener el diálogo durante 1 o 2 minutos.
- Preséntate a un extraño en la vía pública para hacerle una pregunta.
- Si eres hombre, pregúntale a alguna chica del supermercado sobre alguna duda sobre un artículo.

- **Nivel superior al promedio**

No te sientes especialmente tímido al comunicarte con los demás, pero te resulta difícil ganártelos y conseguir facilidad en el diálogo.

Piensa en temas iniciales: son preguntas o frases con las que puedes iniciar una conversación. Sin embargo, deben ser lo suficientemente amplios como para permitir un diálogo de varios minutos.

Antes de hablar con una persona, piensa en algo gracioso o divertido, sonríe y mantén esta expresión y estado durante el diálogo.

Haz cumplidos sinceros a la gente. Esto los tranquilizará inmediatamente y también facilitará la conversación porque a los demás les encanta hablar sobre lo que les gusta de sí mismos o por lo que los elogian.

Los enemigos de la sociabilidad

Ahora hablemos de los enemigos de la sociabilidad y de cómo combatirlos. Combinando los ejercicios anteriores y siguiendo los consejos a continuación, mejorarás tus resultados.

Ya se mencionó anteriormente que la sociabilidad tiene esencialmente dos enemigos: la duda y la timidez. Para afrontarlos, recurramos al consejo del psicólogo social Philip Zimbardo, autor del libro "Cómo superar la timidez". Además de resolver el problema indicado en el título, está diseñado para ayudar a eliminar las dudas.

Zimbardo cree que la timidez, a pesar de algunas de sus ventajas, generalmente paraliza a una persona no menos que una enfermedad del cuerpo. Las consecuencias pueden ser:

- Desgano o miedo a conocer a otras personas;
- Incapacidad para disfrutar de la comunicación;
- Incapacidad para defender sus derechos y expresar opinión;
- La aparición de sentimientos de soledad y ansiedad.

Para superar la timidez, el autor sugiere lo siguiente.

Paso uno: claridad

En primer lugar, debes tener claro lo que quieres conseguir. ¿Quiere deshacerse de la timidez, desarrollar la confianza en sí mismo y amar comunicarse con otras personas? Escríbalo en una hoja de papel. Esto es importante porque en momentos de desesperación él estará frente a tus ojos.

Pregúntese:

¿Cuál es mi objetivo final?
¿Qué me gustaría lograr en la sociedad?
¿Cuál será mi objetivo inicial?
¿Cuál es la cadena de objetivos que me llevarán al final?

Una vez que tengas claridad, identifiquemos las barreras sociales y cómo afectan tu comportamiento y pensamiento:

¿Qué es exactamente lo que me impide alcanzar mi objetivo final?
¿Cómo empiezo a pensar cuando surge una situación social en la que me siento tímido?
¿Qué me estoy diciendo exactamente en este momento?

¿Qué está pasando con mis creencias?
¿Cómo cambia fisiológicamente mi cuerpo cuando me siento tímido?
¿Qué pienso de mí mismo en esta situación?

Responder estas preguntas le brindará una comprensión profunda de su comportamiento en situaciones que causan dificultades.

Paso dos: desafíe sus suposiciones

Ahora recuerda tus respuestas del paso uno: deberás cuestionar tus suposiciones.

El hecho es que tu forma de pensar durante una situación que te provoca timidez cambia drásticamente y subconscientemente consideras que este comportamiento es el mejor. Por eso, es importante desafiarlo:

¿Qué tan realista es mi visión del mundo durante una situación social estresante?
¿Estoy ignorando hechos obvios?
¿De qué otra manera puedo ver esta situación?

Estas situaciones estresantes también pueden denominarse fobias. Entonces, en estos momentos, tu percepción está distorsionada y solo pierdes la información para la que inicialmente (consciente o inconscientemente) se programó.

Recuerda que esto es sólo un estado que tú creas en ti mismo. Al cambiar tu forma de pensar, tus creencias y tu fisiología, se pueden lograr grandes avances.

Paso tres: pequeños pasos

No salgas corriendo inmediatamente a la plaza central de la ciudad con un altavoz, empieza con pequeños pasos, con la ayuda de los cuales tu confianza en ti mismo crecerá cada día.

Debes planificar las interacciones sociales (la espontaneidad aún no es necesaria). Podría ser un conocido fugaz, una conversación con el cajero, un deseo de un día agradable y otras pequeñas cosas. También puedes utilizar los consejos de ejercicios que apuntamos anteriormente cuando hablamos sobre el desarrollo de la sociabilidad. Es importante que hagas cosas que antes temías y esto debería aplicarse a la comunicación con los demás. Pregúntate:

¿Qué haré exactamente en la sociedad hoy?
¿Cómo exactamente haré esto?
¿Dónde exactamente haré esto?
¿Quién estará allí?
¿Cuánto tiempo durará?

Estas preguntas te permitirán ser muy específico acerca de los pequeños pasos necesarios para lograr su objetivo final.

Paso cuatro: aprenda de su experiencia

No todo saldrá bien la primera vez. Pero en lugar de rendirte tras el primer fracaso, siéntate y escribe las respuestas a las siguientes preguntas:

¿Cómo fue todo?
¿Hice lo que pretendía?
¿Qué funcionó?

¿Qué no funcionó?

¿Qué problemas inesperados encontré?

¿Cómo solucioné estos problemas?

¿Existe una mejor manera?

¿Qué puedo hacer mejor mañana?

Las observaciones son importantes. Para empezar, obsérvate a ti mismo durante la timidez: cómo te paras, cómo respiras, hacia dónde miras. Y luego observa cómo se comportan las personas seguras. ¿Notas la diferencia? Pregúntate:

¿Cómo se mueve una persona segura?

¿Cómo se hace valer?

¿Cómo se sienta?

¿Qué pasa con las expresiones faciales y los gestos?

¿Cómo respira?

Fingir hasta que lo hagas. El famoso motivador Tony Robbins cree que lo más importante es respirar. Si respiras como una persona segura, desencadenarás una reacción química en tu cuerpo que generará confianza.

Por último, recuerda, si has llegado al final de este libro, ya has demostrado voluntad e interés en cambiar las cosas; y por ende te encuentras a un paso delante de aquellos que solo persisten en su pesimismo. Estás confiado que todo se logra a fuerza de voluntad y compromiso, así que, adelante, se feliz con los cambios que se avecinan.

#####

www.ingramcontent.com/pod-product-compliance
Lightning Source LLC
Chambersburg PA
CBHW050802160726